© 2024 Leorina Halilovic
Alle Rechte vorbehalten

Herausgeber: RBM Publishing
Autor: Leorina Halilovic
Umschlaggestaltung: Daniela Patricia Brenner
Buchsatz: Daniela Patricia Brenner
Lektorat: Monika Elisabeth Gruber

Dieses Buch gehört:

_____

Liebe Eltern, liebe Kinder,

Weihnachten ist eine besondere
Zeit, in der die Welt ein bisschen heller, wärmer
und freundlicher wird. Dieses Buch ist nicht nur
ein Buch, sondern ein kleiner Schatz, der eure
schönsten Gedanken, Wünsche und Träume
für den Weihnachtsmann Jahr für Jahr festhält.
Es lädt euch dazu ein, gemeinsam wunderbare
Momente zu schaffen und zu teilen –
sei es beim Schreiben, Zeichnen
oder einfach nur beim
gemütlichen Vorlesen.

Für die Eltern ist dieses Buch eine
kostbare Gelegenheit, die Wünsche
und Fantasien ihrer Kinder jährlich
festzuhalten, während die Kleinen mit dem
Weihnachtsmann in Kontakt treten und ihm ein
Stück ihrer Welt schenken. Und für die Kinder ist
es eine magische Reise – jedes Wort, jede Seite
ist eine Botschaft an
den Weihnachtsmann.

Lasst uns gemeinsam dieses Buch
füllen und ein Lächeln auf das Gesicht
des Weihnachtsmanns zaubern!

Ein kleines Gedicht
für euch:

Der Weihnachtsmann, so gut und fein,
Schaut in die Herzen tief hinein.

Er kennt die Wünsche, Groß und Klein,
und bringt ein Funkeln in den Schein.

Drum schreib ihm auf, was du dir träumst,
Was du für andere versäumst.

Denn der Weihnachtsmann hört dir zu,
Und schenkt der Welt dann Weihnacht'ruh.

Viel Freude beim Schreiben
und Entdecken!

In Liebe,
eure Leorina

Hier kannst du dich dem Weihnachtsmann vorstellen und ein Bild einkleben oder ein Selbstporträt für ihn malen!

Unterschreibe hier, damit der Weihnachtsmann weiß, dass du es bist!

„Hallo, kleiner Weihnachtsfreund,
ich freu mich, dass du bei mir bist!

Die Sterne funkeln, der Schnee glitzert,
und ich lausche, was du mir erzählst!

Zeig mir dein schönstes Bild,
und erzähl mir, was dich freut.

Denn ich bin immer hier bei dir,
bereit für deine Weihnachtsträume
heut!"

Wie
heißt du?

_____

Gibt es etwas,
das du gerne den
Weihnachtsengeln
mitteilen möchtest?

_____

_____

Wie alt
bist du?

_____

Was macht dich besonders glücklich zu Weihnachten?

_____

_____

Welchen Weihnachtsfilm liebst du besonders?

_____

_____

Was denkst du, hast du dieses Jahr besonders gut gemacht?

_____

_____

Was ist Weihnachten?

_____

_____

_____

Wer wurde an Weihnachten geboren?

_____

Schreibe hier auf, was du über Weihnachten weißt. Die richtigen Antworten findest du auf der letzten Seite.

Was ist das Besondere an der Weihnachtskrippe?

_____

_____

_____

Warum wünschen wir uns an Weihnachten Frieden auf der Erde?

_____

_____

_____

Warum singen wir
Weihnachtslieder?

_____
_____
_____

Wer ist der
Weihnachtsmann?

_____
_____
_____

An welchem Tag feiern wir Heiligabend und Weihnachten?

_____

Was bedeutet der Stern an der Spitze des Weihnachtsbaums?

_____

_____

_____

Weihnachtsbaum schmücken

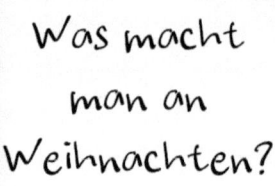

Was macht man an Weihnachten?

Weihnachtslieder singen

Plätzchen backen

Schneemann bauen

Gemeinsam essen

In die Kirche gehen

Adventskalender öffnen

Nikolaus feiern

Weihnachtsmarkt besuchen

Adventskerzen anzünden

Geschenke einpacken

Male oder schreibe, was du an Weihnachten machst.

Hier kannst du einen Brief
an den Weihnachtsmann schreiben.

Deine Eltern helfen dir
sicher ihn auszuschneiden
und zu verschicken.

Die Adresse lautet:

Weihnachtsmannhaus
Klosterstraße 23
16798 Himmelpfort

Lieber Weihnachtsmann,

mein Name ist _____ und
ich bin ~~Jahre~~ alt. Ich wohne in
_____ und lebe dort mit _____
_____. Dieses
Jahr habe ich besonders viel Freude gehabt,
besonders als ich _____
erlebt habe. Am liebsten spiele ich mit
meinen/m _____.
Meine Lieblingsfarbe ist _____,
weil sie so schön aussieht wie
_____. Ich liebe es,
wenn ich mit _____ spiele. Zu
Weihnachten höre ich besonders gern diese
Lieder: _____ und
_____. Wenn ich ganz
fröhlich bin, beschäftige ich am liebsten
mit _____
Dieses Jahr habe ich mich besonders bemüht,

bemüht, lieb zu sein, indem ich

_____ habe. Deshalb wünsche ich

mir zu Weihnachten   ,

weil ich damit _____ kann. Ich finde

Weihnachten einfach toll, weil   .

Ich freue mich schon sehr darauf, den

Weihnachtsbaum zu schmücken und ihn mit

_____ zu dekorieren.

Ich möchte dir, lieber Weihnachtsmann, auch

sagen, dass ich mich sehr auf dich freue und

hoffe, dass du und deine Rentiere eine schöne

Reise habt und genügend Kekse findet. Ich kann

es kaum erwarten, deine Geschenke zu sehen

und wünsche dir eine frohe und

fröhliche Weihnachtszeit!

Mit vielen lieben Grüßen

_____

Hier und auf
den folgenden Seiten kannst
du all deine Weihnachtswünsche
aus Zeitungen, Prospekten, Internet
ausschneiden und einkleben. Bitte
deine Eltern oder andere Erwachsene
um Hilfe, sie unterstützen dich
bestimmt gerne dabei.

Trage hier und auf der folgenden Seite deine Wünsche für die Welt ein.

Was wünschst du dir für deine Familie?

Was wünschst du deinen Freunden zu Weihnachten?

_____

_____

_____

_____

_____

Wenn du dem Weihnachtsmann sagen könntest, was er für alle Menschen auf dieser Welt tun soll, was würdest du ihm sagen?

_____

_____

_____

_____

_____

Was könntest du an Weihnachten
für deine Geschwister oder Freunde tun,
damit sie sich geliebt fühlen?

_____

_____

_____

_____

_____

Was wünschst du dir zu Weihnachten
für alle Kinder auf unserer Welt?

_____

_____

_____

_____

Was wünschst du dir zu Weihnachten
für alle Tiere auf unserer Welt?

_____

_____

_____

_____

_____

„Ein Wunsch, ein Traum, er fliegt hinaus,
vom kleinen Herz ins große Haus.
Die Welt ist groß, doch hör gut zu,
was wünschst du ihr? Sag's mir im Nu!

Für Kinder, Tiere, Mensch und Meer,
deine Wünsche reisen immer mehr.
Sie fliegen hoch und werden klar,
und landen überall, das ist wahr!"

Hier und auf den folgenden Seiten ist platz für ganz viel Familie.

Wer in der Familie ist dir an Weihnachten besonders wichtig?

Was macht Weihnachten mit deiner
Familie so besonders?

_____

_____

_____

_____

_____

Welche Traditionen habt ihr zusammen?

_____

_____

_____

_____

_____

Mit welchen Familienmitgliedern verbringst du dieses Jahr Weihnachten und weißt du auch schon wo?

_____

_____

_____

_____

_____

Welches Weihnachtsessen darf zu Weihnachten mit deiner Familie nicht fehlen?

_____

_____

_____

_____

Zeige mir deine Familie! Klebe mit deinen Eltern ein Familienfoto deiner Wahl hier ein!

Male hier deine Familie bei der Bescherung.

Welche Wünsche fallen dir hier ein?
Kannst du mir ein paar nennen?

_____

_____

_____

_____

_____

_____

_____

_____

_____

_____

Ist bei dir schon Schnee gefallen?

_____

Weißt du noch, wann genau?

_____

Hast du einen Schneemann gebaut?

_____

Wie sah er aus? Male ihn hier hin,
damit ich ihn ansehen kann. Wenn du noch
keinen bauen konntest, male mir den
Schneemann, den du gerne bauen möchtest.

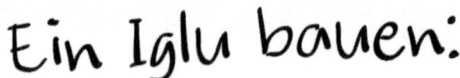

Ein Iglu bauen:

Wichtig hierbei ist, dass du den Schnee verdichtest. Nimm dir eine kleine Kiste aus Holz, Plastik oder Metall, fülle den Schnee ein und presse ihn sehr fest hinein. Kippe ihn wieder aus und schon hast du deinen ersten Stein.

So viele Ideen, was man noch mit Schnee machen kann.

Möbel bauen:

Hier gilt das Gleiche wie bei dem Iglu. Presse den Schnee sehr fest, wenn du ihn modelierst.

Schnee-Engel:

Lege dich auf den Rücken in den Schnee, Arme nach oben. Dann schiebst du den Schnee mit den ausgestreckten Armen nach unten, bis deine Arme deine Beine berühren. Stehe vorsichtig auf und betrachte das Ergebnis.

Schneeballschlacht:

Hier den Schnee nur locker formen, damit ihr euch beim kalten Spaß nicht verletzt.

Weihnachten ist auch
die Zeit der Ruhe.

Viel Zeit zum Basteln und zum Malen.

Die Ausmalbilder warten darauf, von dir
in Farbe gekleidet zu werden. Male auch
immer einen Hintergrund
hinzu.

Ich wünsche
dir viel Spaß
beim
Ausmalen!

Sind Weihnachtsmann, Weihnachtself
und Tannenbaum schön angemalt?

Dann geht es jetzt ans Ausschneiden
und Zusammenkleben.

Frag einen Erwachsenen, wenn du
Hilfe brauchst.

Ich wünsche
dir viel Spaß
beim
Basteln!

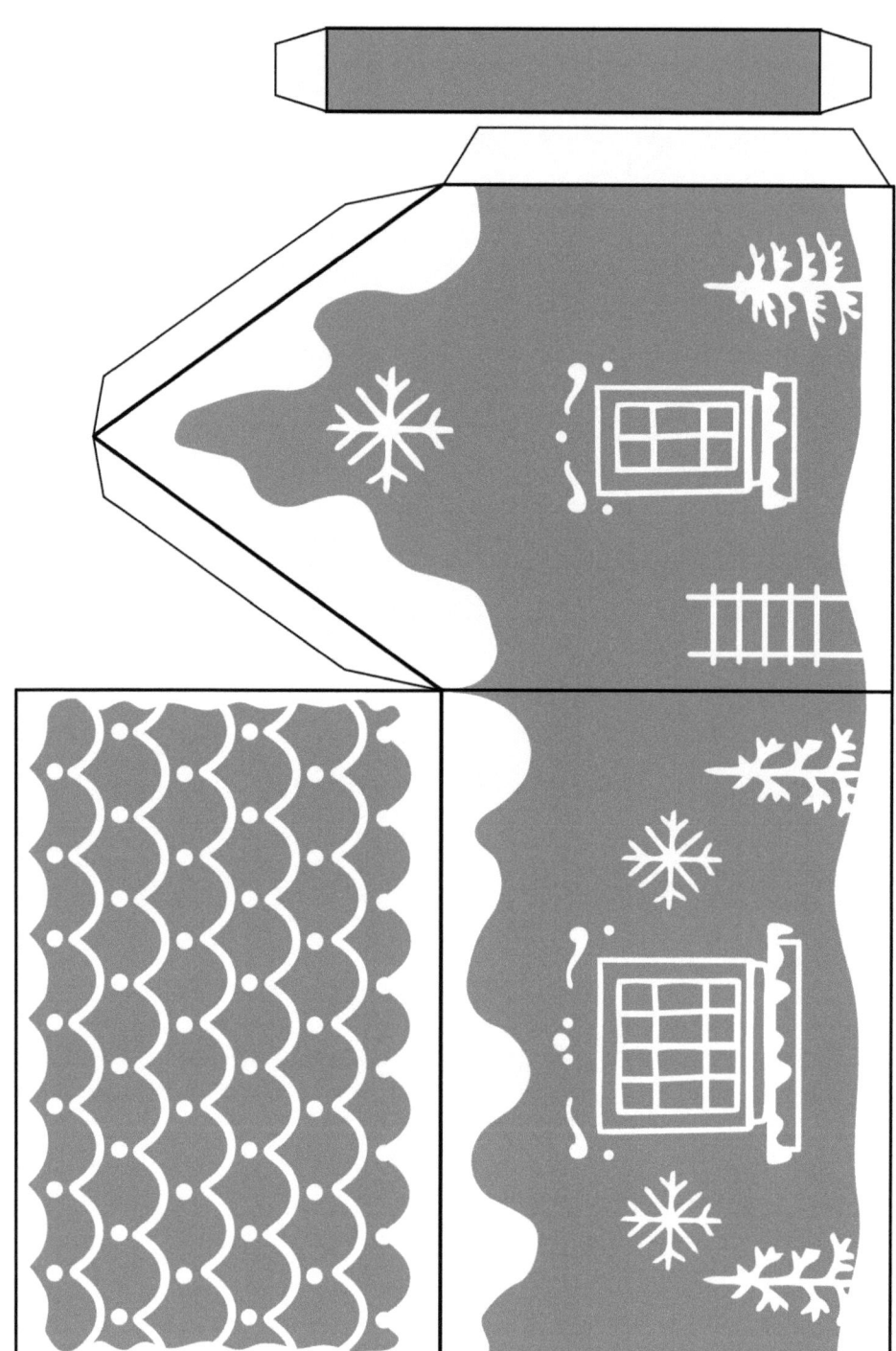

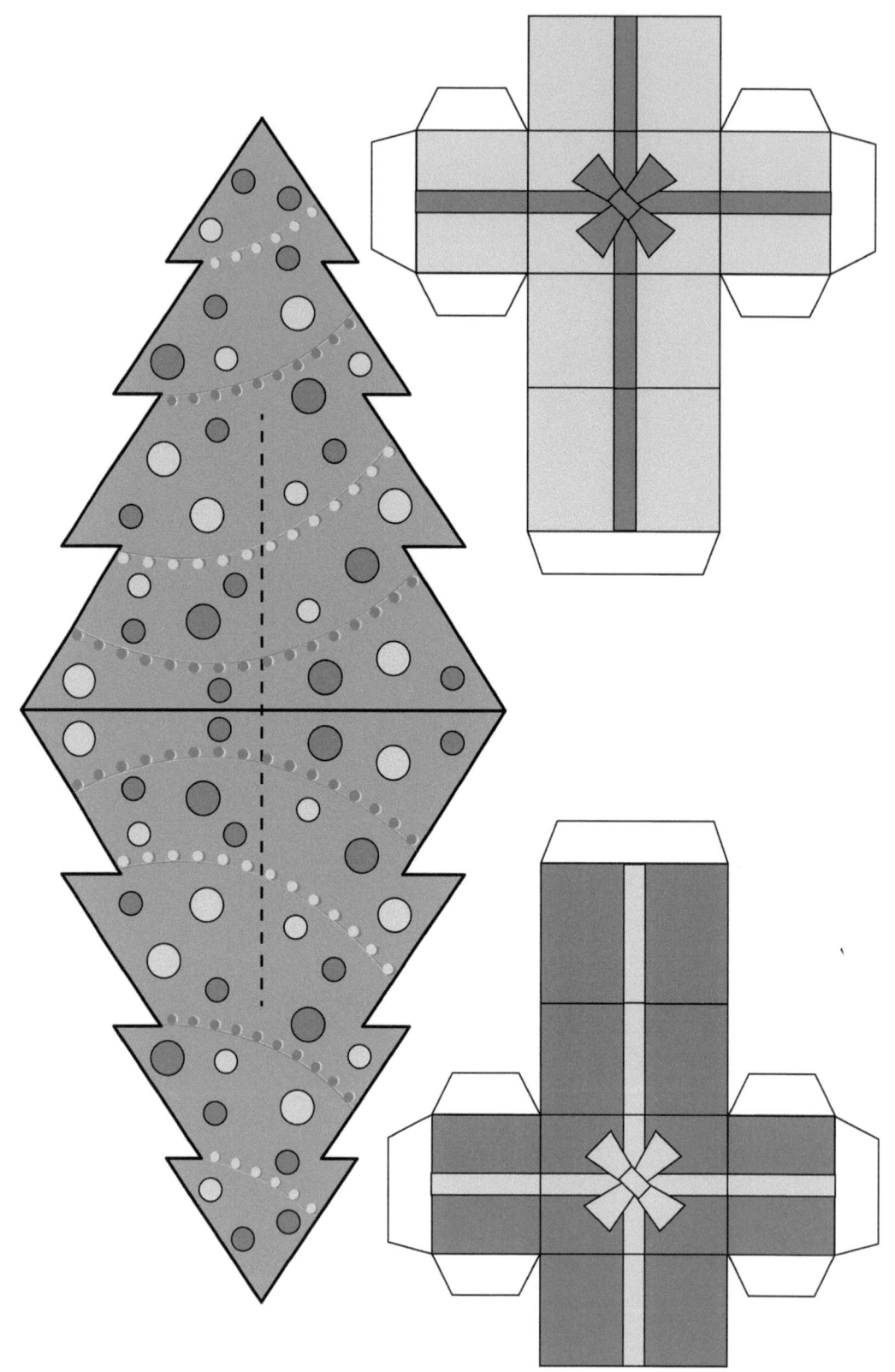

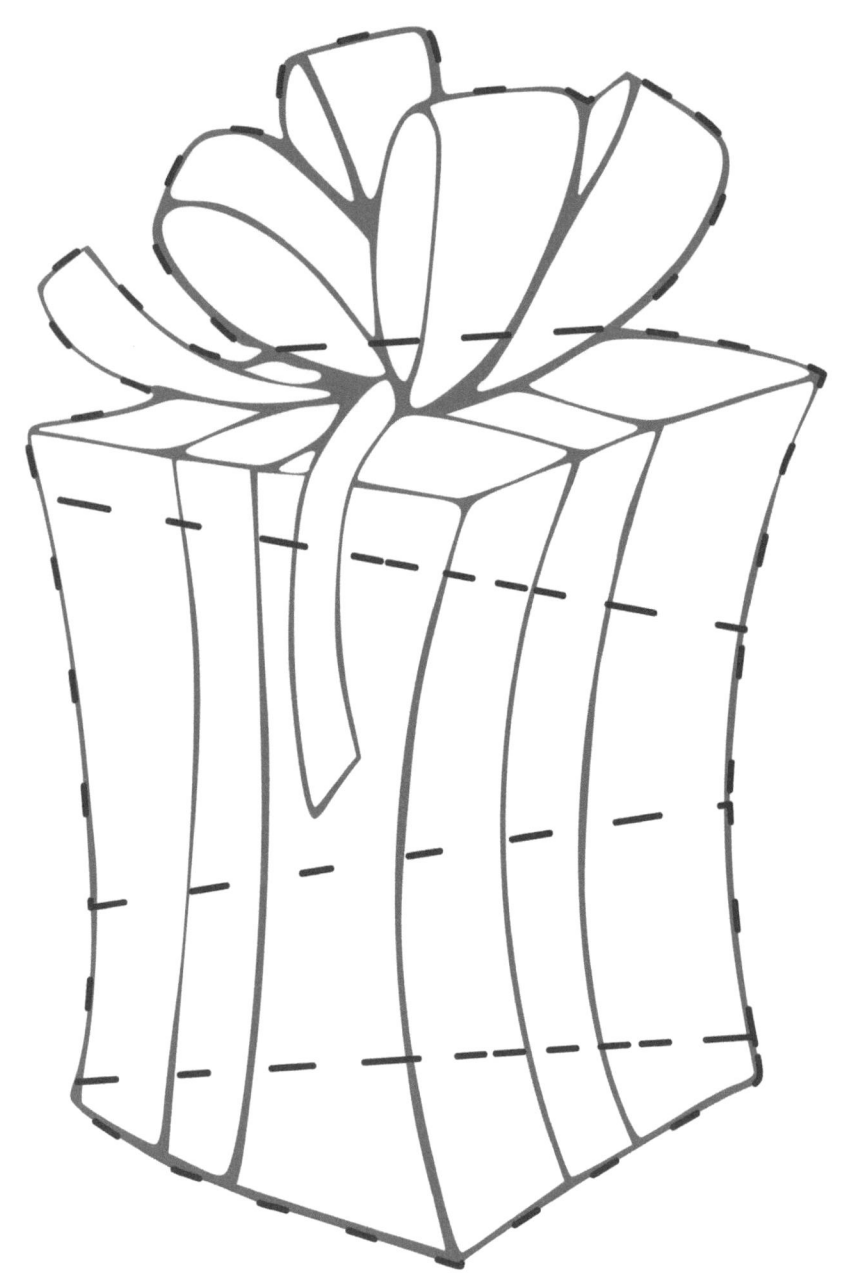

Schneide die Puzzleteile auf der rechten Seite aus
und klebe sie passend auf das Geschenk. Wenn du
magst, kannst du das Geschenk auch ausschneiden
und als Weihnachtsschmuck verwenden.

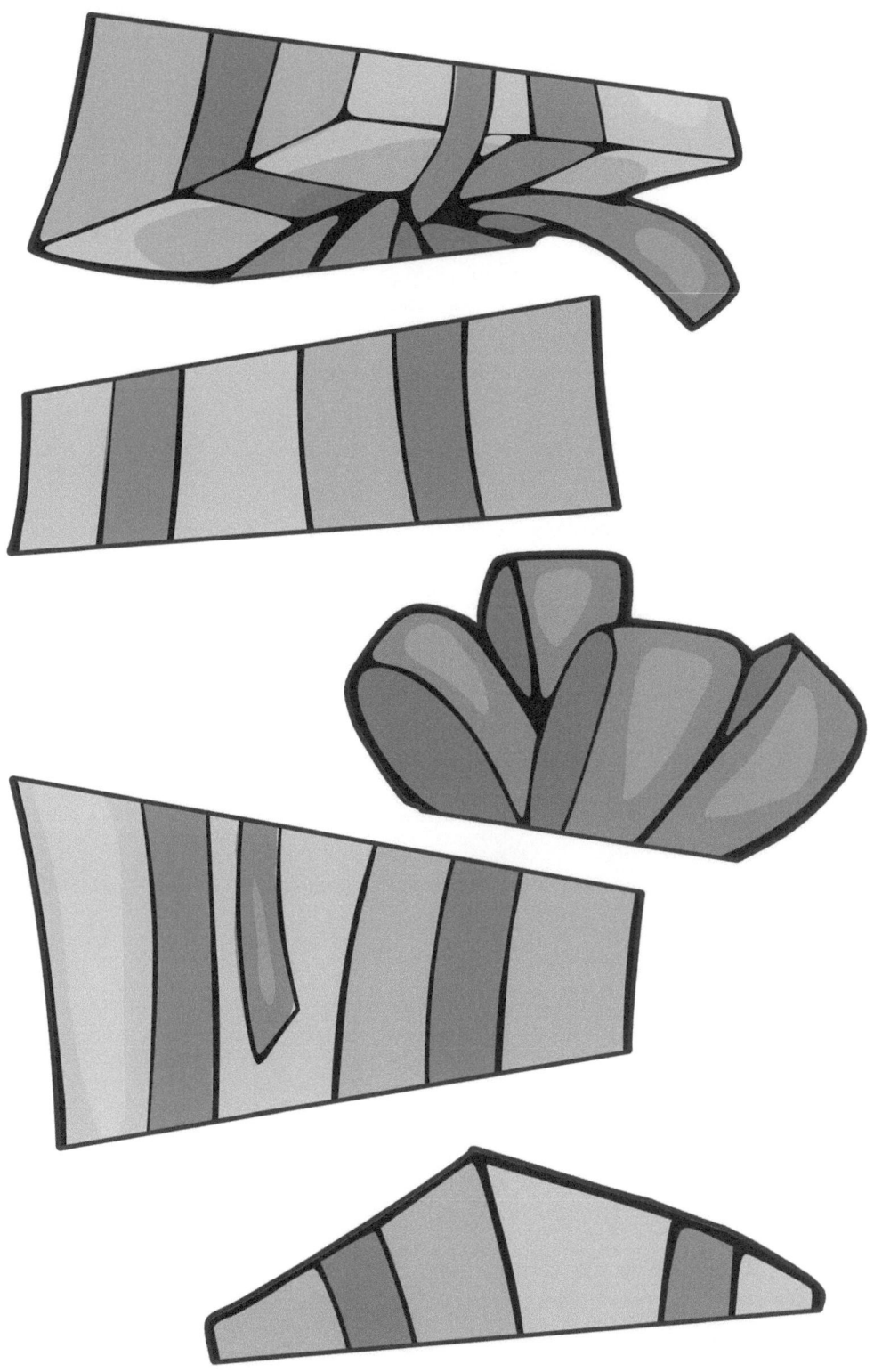

Mache ein wunderschönes Weihnachtsbild.

Male dazu ein weihnachtliches Motiv wie z.B. einen Stern oder Tannenbaum auf ein Blatt Papier und schneide es aus.

Danach lege das ausgeschnittene Motiv auf ein größeres Blatt.

Nimm deinen Wasserfarbkasten, ein Glas Wasser, ein kleines Sieb aus Metall und eine alte Zahnbürste.

Benetze die Zahnbürste mit Wasserfarbe und reibe sie über das Sieb. Halte das Sieb dabei über die Papierblätter.

Die Zahnbürste macht wunderschöne Spritzer. Dann lässt du die Papiere trocknen.

Ziehe, wenn alles trocken ist, das Weihnachtsmotiv vorsichtig vom großen Blatt ab und bestaune dein Kunstwerk.

In der Weihnachtsbäckerei
Gibt es manche Leckerei
Zwischen Mehl und Milch
Macht so mancher Knilch
Eine riesengroße Kleckerei
In der Weihnachtsbäckerei
In der Weihnachtsbäckerei

Wo ist das Rezept geblieben
Von den Plätzchen, die wir lieben?
Wer hat das Rezept
Verschleppt?

„Ich nicht"
„Du vielleicht?"
„Ich auch nicht"

Na, dann müssen wir es packen
Einfach frei nach Schnauze backen
Schmeißt den Ofen an (oh ja!)
Und ran!

In der Weihnachtsbäckerei
Gibt es manche Leckerei
Zwischen Mehl und Milch
Macht so mancher Knilch
Eine riesengroße Kleckerei
In der Weihnachtsbäckerei
In der Weihnachtsbäckerei

Brauchen wir nicht Schokolade
Zucker, Nüsse und Succade
Und ein bisschen Zimt?
Das stimmt

Butter, Mehl und Milch verrühren
Zwischendurch einmal probieren
Und dann kommt das Ei (pass auf)
Vorbei

In der Weihnachtsbäckerei
Gibt es manche Leckerei
Zwischen Mehl und Milch
Macht so mancher Knilch
Eine riesengroße Kleckerei
In der Weihnachtsbäckerei
In der Weihnachtsbäckerei

Bitte mal zur Seite treten
Denn wir brauchen Platz zum Kneten
Sind die Finger rein?
Du Schwein

Sind die Plätzchen, die wir stechen
Erstmal auf den Ofenblechen
Warten wir gespannt
Verbrannt

In der Weihnachtsbäckerei
Gibt es manche Leckerei
Zwischen Mehl und Milch
Macht so mancher Knilch
Eine riesengroße Kleckerei
In der Weihnachtsbäckerei
In der Weihnachtsbäckerei

„Stille Nacht,
heilige Nacht"
von Joseph Mohr

Stille Nacht, heilige Nacht!
Alles schläft, einsam wacht
Nur das traute hochheilige Paar.
Holder Knabe im lockigen Haar,
Schlaf in himmlischer Ruh!

Schlaf in himmlischer Ruh!

Stille Nacht, heilige Nacht!
Hirten erst kundgemacht
Durch der Engel Halleluja,
Tönt es laut von fern und nah:
Christ, der Retter ist da!

Christ, der Retter ist da!

Stille Nacht, Heilige Nacht!
Gottes Sohn, oh, wie lacht
Lieb' aus deinem göttlichen Mund,
Da uns schlägt die rettende Stund,
Christ, in deiner Geburt!

Christ, in deiner Geburt!

Stille Nacht, heilige Nacht!

Die der Welt Heil gebracht
Aus des Himmels goldenen Höh'n
Uns der Gnade Fülle lässt seh'n:
Christ, in deiner Geburt!

Christ, in deiner Geburt!

Stille Nacht, heilige Nacht!
Wo sich heut alle Macht
Jener Liebe huldvoll ergoss,
Die uns arme Menschen umschloss:
Jesus, der Heiland der Welt.

Jesus, der Heiland der Welt.

Stille Nacht, heilige Nacht!
Lange schon uns bedacht,
Als der Herr, vom Zorne befreit,
In der Väter urgrauen Zeit
Aller Welt Schonung verhieß.

Aller Welt Schonung verhieß.

Liebe Familie,

mit diesem Buch habt ihr gemeinsam
etwas ganz Besonderes erschaffen – einen Schatz,
der die magischsten Momente und die schönsten
Wünsche eures Kindes mit eurer Mühe und Hilfe für
immer festhält. Jedes Jahr ist einzigartig, und die
Erinnerungen, die ihr in diesem Buch gesammelt
habt, werden von
Jahr zu Jahr kostbarer.
Weihnachten ist nicht nur eine Zeit der Geschenke,
sondern vor allem eine Zeit, in der die Familie
zusammenkommt, um Freude, Liebe und
gemeinsame Erinnerungen zu teilen. Mit jedem
Lächeln, jeder Zeichnung und jedem Wort, das
ihr hier festgehalten habt, schenkt ihr eurem
Kind ein Stück Vergangenheit, das es für immer
in den Händen halten kann – und später, wenn
es erwachsen ist, mit einem warmen Herzen
zurückblicken kann.
Lasst dieses Buch ein Teil eurer weihnachtlichen
Tradition werden. Füllt es jedes Jahr mit neuen
Träumen, Wünschen und Zeichnungen – und
bewahrt es wie einen wertvollen Schatz auf. So
werden eure Erinnerungen an diese magische Zeit
für immer lebendig bleiben.
Danke, dass ihr dieses Projekt bewusst zu
etwas ganz Besonderem gemacht habt – und
dafür, dass ihr jedes Jahr neue Magie in eure
Weihnachtsgeschichte bringt.
Wir wünschen euch und euren Liebsten
ein gesegnetes, warmes und glückliches
Weihnachtsfest!

Mit herzlichen Grüßen,
eure Leorina

Antworten auf die Weihnachtsfragen

Was ist Weihnachten?
Weihnachten ist ein großes Fest, bei dem wir die Geburt von Jesus feiern. Es ist eine Zeit, in der wir zusammenkommen, um Freude und Liebe mit unserer Familie und unseren Freunden zu teilen.

An welchem Tag feiern wir Heiligabend?
Heiligabend feiern wir jedes Jahr am 24. Dezember.

Wer wurde an Weihnachten geboren?
An Weihnachten wurde Jesus geboren. Viele Menschen glauben, dass er etwas ganz Besonderes war, und deshalb feiern wir seine Geburt.

Warum singen wir Weihnachtslieder?
Wir singen Weihnachtslieder, um die Freude und den Frieden zu feiern, die Weihnachten mit sich bringt. Es macht Spaß, zusammen zu singen und damit die festliche Stimmung zu verbreiten.

Wer ist der Weihnachtsmann?
Der Weihnachtsmann ist ein freundlicher alter Mann mit einem großen weißen Bart und einem roten Anzug. In der Nacht vor Weihnachten reist er mit seinem Schlitten, der von Rentieren gezogen wird, zu den Häusern der Kinder und bringt Kindern auf der ganzen Welt Geschenke, wenn sie das ganze Jahr über brav waren.

Was bedeutet der Stern an der Spitze des Weihnachtsbaums?
Der Stern auf dem Weihnachtsbaum erinnert uns an den Stern von Bethlehem, der den Menschen damals den Weg zur Krippe von Jesus gezeigt hat.

Was ist das Besondere an der Weihnachtskrippe?
Die Weihnachtskrippe stellt die Geburt von Jesus in einem Stall dar. Sie zeigt Maria, die Mutter von Jesus, und Josef, seinen Vater, zusammen mit dem neugeborenen Jesuskind. Es ist etwas Besonderes, weil sie uns daran erinnert, dass Jesus an Weihnachten in einem Stall auf die Welt kam.

Warum wünschen wir uns an Weihnachten Frieden auf der Erde?
Wir wünschen uns an Weihnachten Frieden auf der Erde, weil Weihnachten eine Zeit der Liebe und Freude ist. Die Geburt von Jesus bringt die Botschaft von Frieden und Hoffnung für alle Menschen. Indem wir Frieden wünschen, erinnern wir uns daran, freundlich zueinander zu sein und Streitigkeiten zu lösen. Es ist ein Aufruf, in Harmonie miteinander zu leben und die Welt zu einem besseren Ort zu machen.